GRAMMAIRE FRANÇAISE

ELÉMENTAIRE

par

ALEXANDRE BERTHEAU,

INSTITUTEUR SUPÉRIEUR,

Ancien élève de l'École normale d'Orléans.

CHEZ L'AUTEUR,

A MONTRICHARD,

1845

Blois. — Imprimerie de Ch. Groubental.

GRAMMAIRE FRANÇAISE
ÉLÉMENTAIRE.

INTRODUCTION.

1. — L'homme connaît tous les êtres et leurs qualités au moyen des sens.

2. — Nous avons cinq sens, qui sont :

1° La *vue* qui a pour organe les *yeux ;* 2° l'*ouïe* qui a pour organe les *oreilles ;* 3° l'*odorat* qui a pour organe le *nez ;* 4° le goût qui a pour organe *la bouche* et le *palais ;* 5° le *toucher* qui a pour organe tout le *corps* et particulièrement les *mains*.

3. — C'est par ces cinq sens, que les objets extérieurs viennent se représenter à notre esprit ; car, si l'on nous parle d'une personne ou d'une chose que nous connaissons, aussitôt, sans que cette personne ou cette chose soit devant nos yeux, son *image* vient se peindre dans notre esprit.

4. — Cette *représentation,* cette *image* d'une personne ou d'une chose, qui se peint dans notre esprit, s'appelle *idée sensible,* parcequ'elle nous vient par les sens ; comme *rose, chien, arbre.*

5. — On appelle *idée morale* ou *intellectuelle* celle qui existe dans notre esprit sans le secours des sens : comme *Dieu, la vertu, le courage.*

6. — Nous représentons nos idées aux autres, par la *parole,* par écriture ou par les *gestes.*

7. — Pour parler et pour écrire, on emploie des signes appelés *mots* qui sont eux-mêmes composés d'autres signes qu'on appelle *lettres.* Les lettres sont au nombre de vingt-cinq.

8. — Il y a deux sortes de *lettres :* les *voyelles* ainsi ap-

pelées parcequ'elles représentent des *voix* ou des *sons*; et les *consonnes* qu'on nomme ainsi parcequ'elles ne sonnent distinctement qu'avec les voyelles ; on les appelle aussi articulations.

9. — Les voyelles sont : *a, e, i, o, u* et *y* (grec).

10. — Les consonnes sont : *b, c, d, f, g, j, k, l, m, n, p, q, r, s, t, v, x, z.* — Toutes ces lettres sont du masculin.

11. — Il y a trois sortes d'*e* :

1° L'*e* muet ainsi nommé parcequ'il ne se prononce pas, ou qu'il ne se prononce que faiblement : pap*e*, joi*e*, cigü*e*, éch*e*lon.

2° L'*é* fermé qui se prononce la bouche presque fermée : t*é*m*é*rit*é*, c*é*cit*é*, am*é*nit*é*.

3° L'*è* ouvert qui se prononce en ouvrant la bouche : acc*è*s, exc*è*s, congr*è*s.

12. — L'*y* s'emploie pour un *i* entre deux consonnes, au commencement et à la fin des mots : m*y*stère, *y*eux, *k*ett*y*; il s'emploie pour deux i entre deux voyelles, cro*y*ance (croi-iance) et dans pa*y*s, pa*y*sage, pa*y*san, etc.

13. — *C* se prononce *k* devant *a, o, u* : *ca*ca*l*ogie, *c*uré, il se prononce *s* devant *e, i*, *c*é*c*ité et quand il est marqué d'un petit signe appellé *cédille (ç)* garçon reçu. Il effaça.

14. — *D* à la fin des mots se prononce *t* devant une voyelle ou un h muet ; grand homme (gran-t-homme).

15. — *G* se prononce *gue* devant *a, o, u* : *g*amin, *go*-*g*uette, et devant *h, ghe*, BERGHES ; il se prononce *j* devant *e, i*, *g*émir, *g*îte.

16. — La lettre *h* n'est ni voyelle ni consonne, elle est muette quand on ne la prononce pas : l'*h*onneur, l'*h*omme ; elle est dite aspirée quand elle fait prononcer du gosier la voyelle qui suit : le *h*areng, le *h*aricot.

17. — *P* suivie d'un h se prononce f : *ph*ilosop*h*ie.

18. — *Q* se prononce toujours *k* et est toujours suivi d'un *u* : *qu*e, co*qu*ille ; excepté dans co*q*.

19. — *S* entre deux voyelles se prononce z, tré*s*or.

20. — *T* se prononce quelquefois *s* précédé d'une consonne et suivi de la voyelle *i* : atten*t*ion, protec*t*ion, et dans ini*t*ier, etc.

21. *X* se prononce *gs* dans e*x*emple et *qs* dans e*x*quis, e*x*tase.

22. — Une consonne se fait toujours entendre sur le mot suivant, commençant par une voyelle ou un *h* muet, grand arbre, bon aspect, prononcez : gran-t-arbre, bo-n-aspect.

23. — Il y a des signes appelés *accents* qui se mettent sur la plupart des voyelles pour indiquer si le son est *long* ou *bref*.

24. — Ces signes sont :

1° L'accent *aigu* qui se met sur les *é* fermés, comme dans *énormité*.

2° L'accent *grave* qui se met sur les *è* ouverts : procès, et sur *à, ù, où allez-vous? à Paris.*

3° L'accent *circonflexe* qui se met sur les voyelles longues : pâte, fête, gîte, pôle, flûte.

25. — On appelle *apostrophe* un petit signe (') qui indique la suppression d'une lettre, l'ardeur, l'épée.

26. — Le *trait-d'union* (-) sert à joindre plusieurs mots qui n'en forment qu'un par le sens, *arc-en-ciel.*

27. — Le *tréma* (¨) placé sur les voyelles pour les faire prononcer séparément : naïf, Saül.

28. — La *parenthèse* ( ) sont deux crochets entre lesquels on renferme certains mots détachés : *Je veux* (disait Napoléon) *que les mœurs et la religion soient respectées.*

29. — Il y a encore d'autres signes qui servent à marquer le repos dans une suite de mots formant une phrase ; ce sont : le *point* (.) qui se met à la fin des phrases quand le sens est entièrement fini, la *virgule* (,), le point-virgule (;), le point d'exclamation (!), le point d'*interrogation* (?), et les points suspensifs (...).

30. — On appelle *syllabe* une lettre ou une suite de lettres, voyelles et consonnes, qui ne font entendre qu'une seule émission de voix : *vé-ri-té*, *é-gal*, *oh !* etc.

31. — En parlant et en écrivant, nous exprimons nos idées par des mots dont la suite et la liaison forment ce qu'on appelle un *discours.*

32. — Les mots qui composent ce discours ont été rangés en huit classes, appelées les huit *parties* du *discours.*

Les quatre premières sont variables, et les quatre dernières sont invariables.

Les huit parties du discours sont ?

1° Le *substantif* ou nom des objets ;

2° L'*adjectif* ajouté au substantif pour le modifier ;

3° Le *pronom* qui remplace le substantif ;

4° Le *verbe* qui exprime l'état ou l'action du substantif ;

5° L'*adverbe* ajouté au verbe, à l'adjectif, et même à un autre adverbe pour les modifier ;

6° La *préposition* qui exprime le rapport d'un mot au mot qui précède ;

7° La *conjonction* qui sert à lier les phrases ou parties des phrases entre elles ;

8° L'*exclamation* ou *interjection* qui marque un mouvement subit de l'âme.

33. — La grammaire est l'ensemble des règles que nous devons suivre, pour parler ou pour écrire conformément au meilleur usage.

CHAPITRE PREMIER.

DU SUBSTANTIF.

34. — Le *substantif* ou *nom* est un mot qui sert à rereprésenter, à nommer une personne ou une chose, *cheval, homme, Alexandre, canif, plume.*

DIVERSES SORTES DE SUBSTANTIFS.

35. — Le *substantif commun* convient à plusieurs personnes ou à plusieurs choses de même nature : *arbre, chien, maison.*

36. — Le *substantif propre* désigne une personne ou une chose seule de son *nom* ou de son *espèce. Alexandre, Paris, le soleil, Dieu.*

37. — La première lettre des substantifs propres est toujours une grande lettre.

38. — On appelle *substantif indéfini* celui qui ne désigne pas spécialement les personnes ou les choses : *on, chacun, personne, quelqu'un, quiconque, autrui, rien,* etc.

39. — On appelle *substantif composé* celui qui est formé

de plusieurs mots équivalents à un substantif, c'est-à-dire qui ne forment qu'un mot par le sens : *chef-d'œuvre*, *Hôtel-Dieu*, *casse-noisettes*, etc.; ils sont joints par un trait-d'union.

40. — On appelle *substantif accidentel* celui qui, de sa nature n'étant pas substantif, est employé comme tel : l'*utile* et l'*agréable* sont réunis.

DU GENRE.

41. — Le genre est la propriété des substantifs de nommer les êtres mâles ou les êtres femelles.

42. — Il y a deux genres : le *masculin* et le *féminin*.

Les noms d'hommes ou de mâles sont du masculin : *Paul, cheval, chien.*

Les noms de femmes ou de femelles sont du féminin : *Pauline, jument, chienne.*

43. — Par initiation, on a donné le genre masculin ou féminin à des choses qui ne sont ni mâles ni femelles : le *soleil*, la *lune*, une *table*, un *encrier*, etc.

DU NOMBRE.

44. — Le *nombre* est la propriété du substantif d'exprimer une seule ou plusieurs personnes ; une seule ou plusieurs choses.

Il y a deux nombres : le *singulier* et le *pluriel*.

45. — Le substantif est au *singulier* quand il désigne une seule personne ou une seule chose : *un homme, un cheval, une maison.*

46. — Le *substantif* est au pluriel quand il désigne plusieurs personnes ou plusieurs choses ; *des hommes, des chevaux*, *des maisons.*

Formation du pluriel dans les substantifs.

47. — *Règle générale.* Le pluriel dans les substantifs se forme en ajoutant un *s : le livre, les livres ; le carnaval, les carnavals ; le camail, les camails ; le bijou, les bijoux.*

48. — Exceptés :

1° Les substantifs terminés au singulier par *z*, *s* ou *x*, ne changent pas pour le pluriel : *le nez, les nez, la voix, les voix ; le puits, les puits* ; etc.

2° Les substantifs en *au*, *eu*, forment leur pluriel en ajoutant *x*, *un corbeau*, *des corbeaux*, *un cheveu*, *des cheveux*, etc.

3° Cinq substantifs en *ou* prennent *x* : *chou*, *choux* ; *genou*, *genoux* ; *caillou*, *cailloux* ; *pou*, *poux* ; *hibou*, *hiboux*.

4° Quelques substantifs en *al* changent cette finale en *aux* pour le pluriel : *cheval*, *chevaux* ; *caporal*, *caporaux*, etc.

5° Six substantifs qui changent *ail* en *aux* pour le pluriel : *bail*, *baux* ; *corail*, *coraux* ; *émail*, *émaux* ; *soupirail*, *soupiraux* ; *vitrail*, *vitraux* ; *ventail*, *ventaux*.

6° Quatre substantifs ont deux formes pour le pluriel, ce sont :

1° Œil, yeux, et *œils de fromage* ;

2° *Ciel*, *cieux* et *ciels de lits* ;

3° *Aïeul*, *aïeux* et *aïeuls* ;

4° *Travail*, *travaux*, et *travails* dans le sens d'écriture, ou de machines propres à ferrer les chevaux fougueux.

49. — Les *mots invariables* pris comme substantifs ne prennent pas la marque du pluriel : les *pourquoi*, *les parceque*, *les* QUARANTE *de l'Académie*.

Nombre des substantifs propres.

50. — Les *substantifs propres* ne prennent la marque du pluriel que quand ils sont pris comme substantifs communs. Les *Napoléons* et les *Voltaires* sont rares, c'est-à-dire les hommes comme Napoléon et Voltaire ; mais on dit sans *s* : les *Napoléon* et les *Voltaire* étaient de grands hommes.

Nombre des substantifs tirés des langues étrangères.

51. — Les substantifs venus des langues étrangères ne prennent la marque du pluriel que quand ils sont passés à l'état de mots français : *examen*, *examens* ; *amen*, *amens* ; *duo*, *duos* ; *piano*, *pianos* ; *opéra*, *opéras* ; etc. *Carbonaro* fait *Carbonari*.

Nombre des substantifs composés.

52. — Les substantifs composés de plusieurs mots ne prennent la marque du pluriel que dans les mots variables de leur nature et quand le sens l'exige : *coffre-fort*, *arc-en-ciel*, *couvre-pieds*.

53. — Les substantifs composés d'un substantif et d'un adjectif prennent dans toutes leurs parties la marque du pluriel : *des coffres-forts* ; *des chats-huants*, etc.

54. — Les substantifs composés de deux verbes restent invariables : *des garde-manger*, etc.

55. — Dans les substantifs composés d'un verbe et d'un substantif, ce dernier seul prend la marque du pluriel, même au singulier quand le sens l'exige : *un couvre-pieds, des couvre-pieds ; un porte-mouchettes, des porte-mouchettes ; un rabat-joie, des rabat-joie* ; etc.

56. — Dans les substantifs composés de deux substantifs séparés par une préposition exprimée ou sous-entendue, le premier substantif seul prend la marque du pluriel : *un bain-marie, des bains-marie (bain de Marie); un Hôtel-Dieu, des Hôtels-Dieu (Hôtel de Dieu); des arcs-en-ciels ; un chef-d'œuvre, des chefs-d'œuvre*, etc.

57. — Domergue a dit : quelquefois un substantif est composé de deux mots ; alors, sans faire attention au mot total, donnez aux mots partiels le nombre que le sens indique.

Substantifs des deux genres.

58. — *Amour* est masculin au singulier et féminin au pluriel ; le profond *amour*, les *belles amours*. Il est aussi employé au féminin singulier par quelques auteurs.

59. — Orgue, un *bel orgue*, des *belles orgues*.

60. — Délice ; un *grand délice*, mes *chères délices*.

61. — Il y a encore d'autres substantifs des deux genres.

62. — L'*aigle* est fier ; l'aigle est une bonne mère, l'aigle est remplie de tendresse pour ses petits ; les aigles romaines.

63. — *Interligne* et *espace* ne sont féminins qu'en terme d'imprimerie.

64. — La *foudre* gronde ou éclate. Je suis donc un *foudre de guerre*.

65. — *Hymne* n'est féminin que dans le sens de chant d'église. *Elles chantaient dans leur langue des hymnes sacrées* (Villemain). *La vie de Turenne est un hymne à la louange de l'humanité* (Montesquieu).

66. — *Office* est féminin dans le sens de préparation des desserts; et masculin dans le sens de cérémonie.

67. — Le grand *œuvre* de la création. Robert-le-Diable est le plus bel *œuvre* de Meyerbèr. C'est une bonne *œuvre* de secourir les pauvres.

68. — La *Pâque* était la plus grande fête des Juifs. *Pâques* ou *Pâque est tardif. Pâques fleuries. Mes Pâques sont faites.*

69. — *Période* n'est masculin que lorsqu'on ne considère qu'une partie de la période : *Il est au plus haut période de sa gloire.*

CHAPITRE DEUXIÈME.

DE L'ADJECTIF.

70. — L'*adjectif* est un mot ajouté au substantif pour le qualifier, comme dans : la *voix charmante*, ou pour le déterminer, comme dans : *la* fleur, *ce* chapeau, *mon* père, etc.

71. — On appelle *adjectif qualificatif* celui qui exprime la qualité du substantif : la voix *charmante*, le *bon* cheval, les *gros* arbres, les lionnes *furieuses*.

72. — On appelle *adjectif déterminatif* celui qui sert à déterminer le genre et le nombre des substantifs, comme *le, la, les, du, de la, des, ce, cette, cet, ces, mon, ma, mes, son, sa, ses, ton, ta, tes*, etc.

73. — Il y a des *adjectifs déterminatifs possessifs*, comme *mon, ma, mes, ton, ta, tes, son, sa, ses, notre, votre, leur, leurs, vos, nos.*

74. — D'autres sont appelés *adjectifs déterminatifs démonstratifs*, comme : *ce, cette, cet, ces.*

75. — D'autres sont appelés *adjectifs déterminatifs numéraux*, comme : *un, deux, trois*, etc.

76. — *Au, du, de la, des, aux*, sont appelés *adjectifs déterminatifs contractés.*

77. — *Le, la*, devant un substantif qui commence par une voyelle ou un *h* muet perd l'*e* ou l'*a* : *l'ardeur* pour la ardeur, *l'homme* pour le homme.

78. — *Mon, ton, son*, s'emploient pour *ma, ta, sa*, de-

vant un substantif féminin commençant par une voyelle ou un *h* muet : *mon honneur*, *son épée*, *ton amour*, etc.

Formation du féminin dans les adjectifs.

79. — *Règle générale*. Les *adjectifs qualificatifs* font leur féminin en ajoutant un *e* muet : *charmant, charmante*, *aimé*, *aimée*, etc.

80. — Exceptés :

1. Les adjectifs terminés au masculin par un *e* muet ne changent pas pour le féminin ; *une homme*. HONNÊTE, *une femme* HONNÊTE, etc.

2. Les *adjectifs qualificatifs* terminés par une consonne, doublent cette consonne pour le féminin et y ajoutent l'*e* muet : l'homme *gros*, *cruel*, *gras*, *sot*, *épais*, etc.; la femme *grosse*, *cruelle*, *grasse*, *sotte*, *épaisse*, etc.

Au lieu de *beau*, *nouveau*, *fou*, *mou*, on écrit *bel*, *nouvel*, *fol*, *mol*, devant une voyelle ou un *h* muet, *le bel homme*, *le fol amour*, etc.

3. *Blanc*, *franc*, *sec*, *frais*, font *blanche*, *franche*, *sèche*, *fraîche*, pour le féminin *public*, *caduc*, font *publique*, *caduque*.

4. *Bref*, *naïf*, etc., changent *f* en *ve* pour le féminin : *brève*, *naïve*, etc.

5. *Malin*, *bénin*, font *maligne*, *bénigne*.

6. Les adjectifs terminés par *x* changent *x* en *se* pour le féminin : l'homme *heureux*, la femme *heureuse ;* exceptés, *vieux*, *roux*, *doux*, qui font *vieille*, *rousse*, *douce*.

7. — Les adjectifs en *eur* font *eur*, *eure*, *euse*, *eresse*, *rice* pour le féminin ; un homme *auteur*, *supérieur*, *menteur*, *vengeur*, *protecteur*, une femme *auteur*, *supérieure*, *menteuse*, *vengeresse*, *protectrice*.

8. *Grec*, *favori*, *absous*, *hébreux*, *serviteur*, *châtain*, font *grecque*, *favorite*, *absoute*, *hébreue*, *hébraïque*, *châtain*, *béni*, fait *bénie* et *bénite*

Formation du pluriel dans les adjectifs.

81. — Le pluriel dans les adjectifs se forme comme dans les substantifs, en ajoutant *s :* le *bon fruit*, *les bons fruits*, *l'odeur agréable*, *les odeurs agréables*.

82. — Exceptés :

1. Les adjectifs terminés au singulier par *s*, *x*, ne changent pas pour le pluriel. L'homme *heureux* et *soumis*, les hommes *heureux* et *soumis*.

2. Les adjectifs terminés au singulier par *au*, prennent *x* au pluriel : un *beau* fleuve, de *beaux* fleuves, etc.

3. La plupart des adjectifs en *al* font *aux* au pluriel : un *caporal brutal*, des *caporaux brutaux*. D'autres suivent la règle générale : un *combat naval*, des combats *navals*.

Accord des adjectifs avec les substantifs.

83. — *Règle*. Tout adjectif, soit qualificatif, soit déterminatif, s'accorde en genre et en nombre avec le substantif ou le pronom qu'il modifie : le *grand homme*, *la grande femme ;* les *hommes* INSTRUITS ; les *jeux* FRIVOLES ; *ils* sont HEUREUX ; etc.

84. — Un adjectif qui modifie deux substantifs singuliers masculins, se met au masculin pluriel : le *lion* et *l'homme* CRUELS, le *chien* et *le chat* ENNEMIS.

85. — Un adjectif qui modifie deux substantifs féminins, se met au féminin pluriel : *la lionne et la femme* CRUELLES ; la *chienne* et la *chatte* ENNEMIES.

86. — Un adjectif qui modifie des substantifs de différents genres se met toujours au masculin pluriel : *l'homme et la femme* NOYÉS, *la sœur et le frère* DÉSOBÉISSANTS.

Observations sur quelques adjectifs.

87. — *Cent* et *vingt* prennent *s* quand ils sont précédés d'un autre *adjectif numéral* et suivis d'un substantif : *quatre-vingt* chevaux, *deux cents* hommes. Mais ils n'en prennent pas quand ils sont entre deux adjectifs numéraux : *quatre*-VINGT-*dix* chevaux, *deux*-CENT-*vingt* hommes.

88. — *Mil* ne prend qu'une *l* dans l'an *mil-huit-cent-un*, l'an *mil cinq cent-dix*, etc. *Mille* ne prend jamais d'*s* comme adjectif numéral : *deux* MILLE hommes, mais signifiant une mesure itinéraire ; il prend la marque du pluriel, *les* MILLES *d'Italie sont moins longs que les lieues de France.*

89. — Leur, adjectif déterminatif possessif, prend la marque du pluriel. *La faiblesse a tellement affaibli* LEURS *corps qu'ils peuvent à peine se soutenir sur* LEURS *pieds* (Montesquieu).

Leur ne varie que pour le nombre.

90. — TOUT, adjectif déterminatif perd le *t* pour le pluriel masculin.

91. — *Quelque* précédant un substantif et s'y rapportant est adjectif déterminatif et prend le signe du pluriel : *j'ai cueilli* QUELQUES *fleurs*, QUELQUES *fruits*.

92. — On écrit devant un verbe QUEL QUE *soit son talent*, QUELLE QUE *soit sa science*, QUELLES QUE *soient ses richesses*, QUELS QUE *soient ses honneurs, il n'est pas heureux si sa conscience n'est tranquille*. Il faut donc devant un verbe écrire *quel que* en deux mots et faire accorder seulement le mot *quel* au mot auquel il se rapporte.

Degrés de signification dans les adjectifs.

93. — On reconnaît dans les adjectifs trois degrés de *significations*, qui sont :

1. Le *positif* qui est la qualité simplement énoncée : l'homme BON, BEAU, AGILE, etc.; la femme BELLE, BONNE, etc.

2. Le *comparatif* qui est la qualité énoncée avec comparaison. Il y a trois *comparatifs :* 1° Le *comparatif d'égalité, la sœur* AUSSI SAGE *que le frère*. 2° Le *comparatif de supériorité, la sœur* PLUS SAGE *que le frère*. 3° Le *comparatif d'infériorité, la sœur* MOINS SAGE QUE LE FRÈRE.

3. Il y a deux sortes de *superlatifs* : le *superlatif absolu* qui est la qualité énoncée à un très-haut degré, comme : *la sœur est très-sage*, et le *superlatif relatif* qui marque une comparaison : le cheval est le *plus beau* des animaux, etc.

CHAPITRE TROISIÈME.

DU PRONOM.

94. — Le *pronom* est un mot qui prend la place du substantif afin d'en éviter la répétition : *Alfred est studieux*, IL *sera récompensé*.

95. — Le pronom est toujours du même genre et du même nombre que le substantif qu'il remplace ; *le ciel est sombre*, IL *est couvert de nuages ; les fleurs sont belles*, ELLES *seront conservées*.

96. — Le pronom de même que le substantif qu'i remplace, est toujours sujet ou complément d'un verbe

exprimé ou sous entendu ; de là deux sortes de pronoms.

1° Les *pronoms subjectifs* ou *sujets*.

2° Les *pronoms complétifs* ou *compléments*.

97. — Parmi les pronoms complétifs ou subjectifs, on distingue : 1. Les *personnels*. 2. Les *possessifs*. 3. Les *démonstratifs*. 4. Les *conjonctifs*. 5. Les *indéterminés*.

Pronoms personnels.

98. — On les appelle personnels parcequ'ils désignent plus particulièrement les personnes.

99. — Il y a trois *personnes :*

100. — Un pronom est à la *première personne* quand il exprime celui ou celle qui parle : *je, me, moi,* pour le singulier, *nous* pour le pluriel : MOI JE M'*endors,* NOUS *dormons.*

101. — Un pronom est à la *deuxième personne* quand il exprime celui ou celle *à qui l'on parle : tu, te, toi,* pour le singulier, *vous* pour le pluriel : TOI TU T'*endors,* VOUS *dormez.*

102. — Un pronom est à la *troisième personne* quand il exprime celui ou celle *de qui l'on parle : il, elle, le, la, lui, se, soi,* pour le singulier, *ils, elles, eux, les, se, soi, leur,* pour le pluriel.

103. — *Lui* est des deux genres, il se met pour *à lui, à elles. Je* LUI *demande un avis ; je demande à lui, à elle.*

104. — Leur devant un verbe est pronom, pluriel de lui, et est mis pour *à eux, à elles.*

105. — *Le, la, les,* devant un verbe sont pronoms complétifs ; ils sont mis pour *eux, lui, elle, à eux, à lui, à elles, il* LES *instruit, il instruit* EUX, ELLES, *il* LE *corrige, il corrige* LUI, *il* LA *défend, il défend* ELLE.

106. — Se, soi, sont des deux genres et des deux nombres. *Le jour* SE *changea en nuit et la mort* SE *présenta à nous. Idoménée revenant à* SOI *remercia ses amis* (Fénélon).

107. — *En* est pronom quand il est mis pour *de lui, d'elles. Chaque famille est gouvernée par son chef qui* EN *est le véritable roi* (Fénélon) pour ROI D'ELLE. *D'une main elle en abaissa les rameaux inférieurs* (Châteaubriand). *Les rameaux* DE LUI. *Des fleurs, des fruits, j'*EN *ai cueilli d'elles, d'eux.*

108. — *Y* est pronom quand il signifie *à cette chose, à ces choses : je fais mes devoirs et je m'*Y *applique.*

109. — *Où* pronom est mis pour *duquel, desquels,* etc. *Les rameaux sont les seuls échelons par* où *l'homme puisse monter de la terre au ciel* (Châteaubriand). Où pronom prend toujours un accent grave.

Pronoms possessifs.

110. — Les *pronoms possessifs* sont ceux qui marquent la possession :

Le mien, le sien, le nôtre, le vôtre, le leur, le tien, les tiens, les miens, les siens, les nôtres, les vôtres, les leurs; pour le masculin : *les miennes, les tiennes, les siennes, les nôtres, les vôtres, les leurs, la mienne, la tienne, la sienne, la vôtre, la nôtre, la leur* pour le féminin. Ces sortes de pronoms s'analysent en un seul mot.

Pronoms démonstratifs.

111. — On les appelle ainsi parcequ'ils désignent les choses ou les personnes dont on parle.

Ce devant un verbe est pronom, *c'est lui, ce sont eux, celui-ci, celle-ci, ceux-ci, celles-ci, celui-là, celle-là, ceux-là, celles-là.*

Celui-ci, celle-ci, désignent des personnes ou des choses *proches, celui-là, celle-là* désignent des personues ou des choses plus *éloignées* : CELUI-CI *demeure ici,* CELUI-LA *demeure dans la ville.*

Pronoms conjonctifs.

112. — On appelle *pronom conjonctif* celui qui, remplaçant un substantif sert en même temps à lier tout ce qui est avant lui, à ce qui est après : il tient donc du pronom et de la conjonction. *Léonidas est ému sur le sort de deux Spartiates* QUI *lui étaient unis par le sang*(Barthélemi). Le mot *Spartiates* que remplace *qui* est appelé *l'antécédent* de ce pronom *qui.*

113. — Tout pronom conjonctif s'accorde en genre, en nombre et en personne avec son antécédent : *l'arbre que j'ai planté, les fleurs que j'ai cueillies. L'homme* QUI *est bon est aimé.*

Pronom indéterminé.

114. — Il n'y a qu'un seul *pronom indéterminé*, c'est *il* dans *il* tonne, *il* pleut, *il* faut, etc.

CHAPITRE QUATRIÈME.

DU VERBE.

115. — Le *verbe* est un mot qui exprime l'état ou l'action d'une personne ou d'une chose, comme : *je* SUIS *fatigué, il* MANGE, *tu* DESSINES ; etc.

Accord du verbe avec le sujet.

116. — Tout verbe est toujours du même genre, du même nombre et de la même personne que son sujet. *Je* SUIS *bon, ils* SONT *bons, les hommes* AIMENT *la gloire.*

117. — Le *sujet* d'un verbe est le mot qui exprime l'être qui fait l'action ou qui reçoit la qualité qu'indique le verbe.

118. — Le sujet d'un verbe peut être un *substantif*, un *pronom* ou un *verbe à l'infinitif*, et en général tout *mot* pris substantivement. DIEU *est juste*, IL *est bon*, l'AIMER *est un devoir.*

119. — On met au pluriel, le verbe qui a deux sujets. *Le loup et le tigre* DÉVORENT *leur proie. La peine et le plaisir* PASSENT *comme une ombre* (J.-J. Rousseau).

120. — Quant un verbe se rapporte à des sujets de différentes personnes, on met ce verbe à la première de ces personnes et au pluriel. La première personne l'emporte sur la seconde et celle-ci sur la troisième : *vous et moi nous* LISONS ; *toi et lui vous* ÉCRIVEZ.

121. — Le sujet d'un verbe répond aux questions *qui est-ce qui?* pour les personnes, et *qu'est-ce qui?* pour les choses faites avant le verbe : LÉONIDAS *tombe sous une grêle de traits ;* qui est-ce qui tombe ? *Léonidas*, c'est le sujet.

Des compléments du verbe.

122. — Les compléments d'un verbe sont des mots qui en complètent le sens. *Les Espagnols avaient fondé* BUÉNOS-AYRES (Raynal). Buénos-Ayres est le *complément* de avaient fondé.

123. — On appelle *complément direct* le mot qui répond

aux questions *qui?* pour les personnes, *quoi?* pour les choses, faites après le verbe. *L'astre du jour éteignit son* FLAMBEAU (Buffon), éteignit quoi? son FLAMBEAU, c'est le complément direct de éteignit. *Leur toît rustique avait reçu* FÉNÉLON (Labarpe); avait reçu qui? FÉNÉLON c'est le *complément* de avait reçu.

124. — Le *complément indirect* est celui qui répond aux questions, *à qui, par qui,* etc.; *à quoi, de quoi,* etc.; ce complément est toujours précédé d'une préposition exprimée ou sous-entendue. *On leur doit* A TOUS DEUX *l'éloge d'avoir vu que la réforme du barreau pouvait influer* SUR L'AISANCE NATIONALE.

125. — Les *compléments adverbiaux* sont ceux qui répondent aux questions *quand, comment, combien,* où, etc.

Différentes espèces de verbes.

126. Il y a deux sortes de verbes.

1° Le verbe substantif *être.*

2° Les verbes adjectifs ou attributifs ainsi nommés parcequ'ils renferment le verbe et *l'attribut.*

127. — L'*attribut* est la qualité, l'action ou l'état attribué au sujet.

128. — Les *verbes attributifs* se divisent en *transitifs* et en *intransitifs.*

129. — Tout verbe est *transitif* quand il a un complément direct. *Dieu* PUNIT *les coupables*, c'est-à-dire quand on peut mettre après lui *quelqu'un* ou *quelque chose.*

130. — Les verbes intransitifs sont ceux devant lesquels on ne peut pas mettre *quelqu'un* ou *quelque chose.*

131. — Les transitifs et les intransifs sont appelés :

1° Réfléchis quand ils se conjuguent avec deux pronoms de la même personne, alors l'action se réfléchit sur le sujet : IL SE PRÉCIPITE.

2° Unipersonnels quand ils ne se conjuguent qu'à la 3e personne : *il* PLEUT, *il* NEIGE.

132. — Un verbe quelconque est défectueux quand il ne peut se conjuguer dans tous ses temps et dans toutes ses personnes.

133. — Un verbe est *régulier* quand il suit la règle gé-

nérale de sa conjugaison, dans le cas contraire, il est irrégulier.

134. — *Conjuguer* un verbe, c'est le réciter ou l'écrire selon ses *temps*, ses *modes* et ses *personnes*.

135. — Il y a quatre conjugaisons que l'on distingue par la terminaison de l'*infinitif* :

La 1re à l'infinitif terminé en ER, *chanter*.

La 2e à l'infinitif terminé en *ir*, comme *finir*.

La 3e à l'infinitif terminé en OIR, comme *recevoir*.

Des Modes.

135. — Il y a quatre *modes* ou *manières* de signifier dans les verbes.

1° Le mode INDICATIF OU AFFIRMATIF quand on affirme que la chose *est* qu'elle *a été* ou qu'elle *sera*.

2° Le mode *impératif* ou *optatif* quand on *ordonne* ou que *l'on prie* de faire une chose.

3° Le mode *subjonctif* (qui est ordinairement joint à un autre mode), exprime que l'on *souhaite* ou qu'on *doute* que la chose se *fasse*.

136. — Le mode devient *interrogatif* dans ces phrases : êtes-vous heureux? irai-je? etc. ; dans ce cas le pronom sujet est toujours après le verbe et y est joint par un *trait-d'union*.

Des Temps.

137. — Il y a trois *temps* principaux :

1° Le *présent* qui marque que la chose se fait avec ou sans condition au moment où l'on parle.

2° Le *passé* qui marque que la chose *a été* faite.

3° Le *futur* qui marque que la chose se *fera*.

138. — Il y a deux présents.

1° Le *présent simple* qui exprime que la chose se fait purement et simplement comme je mange.

2° Le *présent conditionnel* qui exprime que la chose se ferait moyennant une condition comme je mangerais. Si je voulais.

139. — Il y a six sortes de passés.

1° Le *passé simultané* exprime que l'action se *passait* en même temps qu'une autre.

2° Le *passé conditionnel* exprime que l'action *aurait été* faite moyennant une condition.

3° Le *passé défini* exprime que la chose se *fit* dans un temps déterminé.

4° Le *passé indéfini* exprime que la chose *a été faite* sans précision d'époque.

5° Le *passé antérieur* exprime que la chose *s'est faite* avant une autre.

6° Le *passé antérieur médiat* exprime que la chose *avait été faite* avant une autre sans précision de temps.

140. — Il y a deux futurs :

Le futur simple et le futur antérieur ; ce dernier exprime que la chose se *fera* avant une autre.

141. — L'indicatif ou affirmatif comprend :

1° Un présent simple et un présent conditionnel.

2° Un passé simultané, un passé conditionnel, un passé défini, un passé indéfini, un passé antérieur et un passé antérieur médiat.

3° Un futur simple et un futur antérieur.

142. — L'impératif ou optatif comprend :

Un futur simple et un futur antérieur.

143. — Le subjonctif comprend :

1° Un préseut ou futur.

2° Un passé simultané, un passé et un passé antérieurs ou conditionnel.

N. B. Le passé simultané était appelé imparfait, et le passé antérieur médiat plus que parfait. Ces dénominations ne signifient rien.

144. — L'infinitif comprend : 1° Un passé. 2° Un futur.

3° Un participe présent et un participe passé.

145. — Ce dernier temps est appelé *participe* parce qu'il participe de la nature du verbe et de celle de l'adjectif.

146. — Le *participe* présent est toujours terminé en *ant* et est invariable, c'est-à-dire qu'il ne change ni de genre ni de nombre : un homme aimant, une femme aimant, leurs enfants.

147. — Tout participe passé, comme verbe est invariable ; mais comme adjectif il s'accorde en genre, en

nombre au substantif ou au prenom auquel il se rapporte.

148. — Tout *participe passé adiectif* quand il est précédé du verbe être s'accorde avec son sujet. *Mon âme* était OCCUPÉE *de ce spectacle. Les hommes ont été punis de leur audace. Les élèves seront* RÉCOMPENSÉS.

149. Tout participe passé adjectif précédé du verb avoir ne s'accorde pas avec son sujet mais avec le *régim direct* quand celui-ci est placé avant *ce participe. Mais si c'est la dépouille d'une jeune fille que la main d'un amant a* SUSPENDUE *à l'arbre de la mort ; si ce sont les restes d'un enfant chéri qu'une mère a* PLACÉS *dans la demeure des petits oiseaux, le charme redouble encore* (Châteaubriand). *Dépouilles* et *restes* sont les compléments directs de *a suspendue* et de *a placés* il y a accord parce qu'ils sont placés avant.

N. B. Origine et complément ont la même signification.

CONJUGAISON DES VERBES.

150. Le verbe substantif *être* et le verbe attributif *avoir* sont appelés *auxiliaires,* parcequ'ils aident à conjuguer les autres verbes dans leurs temps composés.

151 — VERBE *AVOIR*.

INDICATIF *ou* AFFIRMATIF.

	Présent simple.		*Présent conditionnel.*
Sing.	J'ai.	*S.*	J'aurais.
	Tu as.		Tu aurais.
	Il *ou* elle a.		Il aurait.
Plur.	Nous avons.	*P.*	Nous aurions.
	Vous avez.		Vous auriez.
	Ils *ou* elles ont.		Ils auraient.

Passé simultané.

S. J'avais.
Tu avais.
Il *ou* elle avait.
P. Nous avions
Vous aviez.
Ils *ou* elles avaient.

Passé conditionnel.

S. J'aurais.
Tu aurais.
Il *ou* elle aurait.
P. Nous aurions.
Vous auriez.
Ils *ou* elles auraient.

Passé défini.

S. J'eus.
Tu eus.
Il *ou* elle eût.
P. Nous eûmes.
Vous eûtes.
Ils *ou* elles eurent.

Futur simple.

S. J'aurai.
Tu auras.
Il aura.
P. Nous aurons.
Vous aurez.
Ils auront.

Passé indéfini.

S. J'ai eu.
Tu as eu.
Il a eu.
P. Nous avons eu.
Vous avez eu.
Ils ont eu.

Passé antérieur.

S. J'eus eu.
Tu eus eu.
Il eut eu.
P. Nous eûmes eu.
Vous eûtes eu.
Ils eurent eu.

Passé antérieur médiat.

S. J'avais eu.
Tu avais eu.
Il avait eu.
P. Nous avions eu.
Vous aviez eu.
Ils avaient eu.

Futur antérieur.

S. J'aurai eu.
Tu auras eu.
Il aura eu.
P. Nous aurons eu.
Vous aurez eu.
Ils auront eu.

Impératif ou Optatif.

Futur simple.

Point de 1re ni de 3e personne.

S. Aie ou aye.
P. Ayons.
Ayez.

Futur antérieur.

(N'est pas usité dans ce verbe).

S. Aie eu.
P. Ayons eu.
Ayez eu.

Subjonctif.

Présent ou futur,

S. Que j'aie.
Que tu aies.
Qu'il ait.
P. Que nous ayons.
Que vous ayez.
Qu'ils aient.

Passé.

S. Que j'aie eu.
Que tu aies eu.
Qu'il ait eu.
P. Que nous ayons eu.
Que vous ayez eu.
Qu'ils aient eu.

Passé simultané,

S. Que j'eusse.
Que tu eusses.
Qu'il eût.
P. Que nous eussions.
Que vous eussiez.
Qu'ils eussent.

Passé antérieur.

S. Que j'eusse eu.
Que tu eusses eu.
Qu'il eût eu.
P. Que nous eussions eu.
Que vous eussiez eu.
Qu'ils eussent eu.

Infinitif.

Présent.

Avoir.

Passé.

Avoir eu.

Futur.

Participe présent.

Ayant.

Participe passé.

Ayant eu.

VERBE *ÊTRE.*

Indicatif *ou* Affirmatif.

Présent simple.

S. Je suis.
Tu es.
Il ou elle est.
P. Nous sommes.
Vous êtes.
Ils ou elles sont.

Présent conditionnel.

S. Je serais.
Tu serais.
Il serait.
P. Nous serions
Vous seriez.
Ils seraient.

Passé simultané.

S. J'étais.
Tu étais.
Il était.
P. Nous étions.
Vous étiez.
Ils étaient.

Passé antérieur médiat.

S. J'avais été.
Tu avais été.
Il avait été.
P. Nous avions été.
Vous aviez été.
Ils avaient été.

Passé défini.

S. Je fus.
Tu fus.
Il fut.
P. Nous fûmes.
Vous fûtes.
Ils furent.

Passé indéfini.

S. J'ai été.
Tu as été.
Il a été.
P. Nous avons été.
Vous avez été.
Ils ont eté.

Présent conditionnel.

S. Je serais.
Tu serais.
Il serait.
P. Nous serions.
Vous seriez.
Ils seraient.

Passé antérieur.

S. J'eus été.
Tu eus été.
Il eut été.
P. Nous eussions été.
Vous eussiez été.
Il eussent été.

Futur simple.

S. Je serai.
Tu seras.
Il sera.
P. Nous serons.
Vous serez.
Ils seront.

Futur antérieur.

S. J'aurai été.
Tu auras été.
Il aura été.
P. Nous aurons été.
Vous aurez été.
Ils auront été.

IMPÉRATIF *ou* OPTATIF.

Futur simple. *Futur antérieur.*

Point de 1re ni de 3e personne.

S. Sois.
P. Soyons.
Soyez.

S. Aie été.
P. Ayons été.
Ayez eté.

SUBJONCTIF.

Présent ou futur.

S. Que je sois,
Que tu sois.
Qu'il soit.
P. Que nous soyons.
Que vous soyez.
Qu'ils soient.

Passé défini.

S. Que j'aie été.
Que tu aies été.
Qu'il ait été.
P. Que nous ayons été.
Que vous ayez été.
Qu'ils aient été.

Passé simultané.

S. Que je fusse.
Que tu fusses.
Qu'il fût.
P. Que nous fussions.
Que vous fussiez.
Qu'ils fussent.

Passé antérieur ou *conditionnel*

S. Que j'eusse été.
Que tu eusses été.
Qu'il eût été.
P. Que nous eussions été.
Que vous eussiez été.
Qu'ils eussent été.

INFINITIF.

Présent.

Être.

Futur.

Devant être.

Participe présent.

Étant.

Passé.

Avoir été.

Participe passé.

Ayant été.

---

153 — PREMIÈRE CONJUGAISON EN *ER*.

INDICATIF *ou* AFFIRMATIF.

Présent simple.

S. J'aime.
Tu aimes.
Il aime.
P. Nous aimons.
Vous aimez.
Ils aiment.

Présent conditionnel.

S. J'aimerais.
Tu aimerais.
Il aimerait.
P. Nous aimerions.
Vous aimeriez.
Ils aimeraient.

Passé simultané.

S. J'aimais.
Tu aimais.
Il aimait.
P. Nous aimions.
Vous aimiez.
Ils aimaient.

Passé antérieur.

S. J'eus aimé.
Tu eus aimé.
Il eut aimé.
P. Nous eûmes aimé.
Vous eûtes aimé.
Ils eurent aimé.

Passé conditionnel.

S. J'aurais aimé.
Tu aurais aimé.
Il aurait aimé.
P. Nous aurions aimé.
Vous auriez aimé.
Ils auraient aimé.

Passé antérieur médial.

S. J'avais aimé.
Tu avais aimé.
Il avait aimé.
P. Nous avions aimé.
Vous aviez aimé.
Ils avaient aimé.

Passé défini.

S. J'aimai.
Tu aimas.
Il aima.
P. Nous aimâmes.
Vous aimâtes.
Ils aimèrent.

Passé indéfini.

S. J'ai aimé.
Tu as aimé.
Il a aimé.
P. Nous avons aimé.
Vous avez aimé.
Ils ont aimé.

Futur simple.

S. J'aimerai.
Tu aimeras.
Il aimera.
P. Nous aimerons.
Vous aimerez.
Ils aimeront.

Futur antérieur.

S. J'aurai aimé.
Tu auras aimé.
Il aura aimé.
P. Nous aurons aimé.
Vous aurez aimé.
Ils auront aimé.

Impératif *ou* Optatif.

Futur simple. *Futur antérieur.*

Point de 1re ni de 3e personne.

Futur simple.

S. Aime.
P. Aimons.
Aimez.

Futur antérieur.

S. Aie aimé.
P. Ayons aimé.
Ayez aimé.

Subjonctif.

Présent ou futur.

S. Que j'aime.
Que tu aimes.
Qu'il aime.
P. Que nous aimions.
Que vous aimiez.
Qu'ils aiment.

Passé simultané.

S. Que j'aimasse.
Que tu aimasses.
Qu'il aimât.
P. Que nous aimassions
Que vous aimassiez
Qu'ils aimassent.

Passé défini.

S. Que j'aie aimé.
Que tu aies aimé.
Qu'il ait aimé.
P. Que nous ayons aimé.
Que vous ayez aimé.
Qu'ils aient aimé.

Passé antérieur ou conditionnel

S. Que j'eusse aimé.
Que tu eusses aimé.
Qu'il eût aimé.
P. Que nous eussions aimé.
Que vous eussiez aimé.
Qu'ils eussent aimé.

Infinitif.

Présent.

Aimer.

Futur.

Devant aimer.

Participe passé.

Ayant aimé.

Passé.

Avoir aimé.

Participe présent.

Aimant.

Ainsi se conjuguent les verbes *désirer*, *conjuguer*, *délier*, *semer*, *appeler*, *bécher*, *labourer*, etc.

---

134 — DEUXIÈME CONJUGAISON EN *IR*.

Indicatif *ou* Affirmatif.

Présent simple.

S. Je finis.
Tu finis.
Il finit.
P. Nous finissons.
Vous finissez.
Ils finissent.

Présent conditionnel.

S. Je finirais.
Tu finirais.
Il finirait.
P. Nous finirions.
Vous finiriez.
Ils finiraient.

Passé simultané.

S. Je finissais.
Tu finissais.
Il finissait.
P. Nous finissions.
Vous finissiez.
Ils finissaient.

Passé antérieur.

S. J'eus fini.
Tu eus fini.
Il eut fini.
P. Nous eûmes fini.
Vous eûtes fini.
Ils eurent fini.

Passé conditionnel.

S. J'aurais fini.
Tu aurais fini.
Il aurait fini.
P. Nous aurions fini.
Vous auriez fini.
Ils auraient fini.

Passé défini.

S. Je finis.
Tu finis.
Il finit.
P. Nous finîmes.
Vous finîtes.
Ils finirent.

Passé indéfini.

S. J'ai fini.
Tu as fini.
Il a fini.
P. Nous avons fini.
Vous avez fini.
Ils ont fini.

Futur simple.

S. Je finirai.
Tu finiras.
Il finira.
P. Nous finirons.
Vous finirez.
Ils finiront.

Passé antérieur médiat.	*Futur antérieur.*
S. J'avais fini.	S. J'aurai fini.
Tu avais fini.	Tu auras fini.
Il avait fini.	Il aura fini.
P. Nous avions fini.	P. Nous aurons fini.
Vous aviez fini.	Vous aurez fini.
Ils avaient fini.	Ils auront fini.

IMPÉRATIF *ou* OPTATIF.

Futur simple.	*Futur antérieur.*
Point de 1re ni de 3e personne.	
S. Finis.	Aie fini.
P. Finissons.	Ayons fini.
Finissez.	Ayez fini.

SUBJONCTIF.

Présent ou *Futur.*	*Passé défini.*
S. Que je finisse.	S. Que j'aie fini.
Que tu finisses.	Que tu aies fini.
Qu'il finisse.	Qu'il ait fini.
P. Que nous finissions.	P. Que nous ayons fini.
Que vous finissiez.	Que vous ayez fini.
Qu'ils finissent.	Qu'ils aient fini.
Passé simultané.	*Passé antérieur* ou *Conditionnel*
S. Que je finisse.	S. Que j'eusse fini.
Que tu finisses.	Que tu eusses fini.
Qu'il finît.	Qu'il eût fini.
P. Que nous finissions.	P. Que nous eussions fini.
Que vous finissiez.	Que vous eussiez fini.
Qu'ils finissent.	Qu'ils eussent fini.

INFINITIF PRÉSENT.

Finir.

Passé.	*Futur.*
Avoir fini.	Devant finir.
Participe présent.	*Participe passé.*
Finissant.	Ayant fini.

Ainsi se codjuguent les verbes *courir*, *cueillir*, *jouir*, *bénir*. *haïr*, *avertir*, *convertir*, *ensevelir*, *guérir*, *maigrir*, *noircir*, etc.

135 — TROISIÈME CONJUGAISON EN *OIR*.

Indicatif *ou* Affirmatif.

Présent simple.

S. Je reçois.
Tu reçois.
Il reçoit.
P. Nous recevons.
Vous recevez.
Ils reçoivent.

Présent conditionnel.

S. Je recevrais.
Tu recevrais.
Il recevrait.
P. Nous recevrions.
Vous recevriez.
Ils recevraient.

Passé simultané.

S. Je recevais.
Tu recevais.
Il recevait.
P. Nous recevions.
Vous receviez.
Ils recevaient.

Passé antérieur.

S. J'eus reçu.
Tu eus reçu.
Il eut reçu.
P. Nous eûmes reçu.
Vous eûtes reçu.
Ils eurent reçu.

Passé antérieur médiat.

S. J'avais reçu.
Tu avais reçu.
Il avait reçu.
P. Nous avions reçu.
Vous aviez reçu.
Ils avaient reçu.

Passé conditionnel.

S. J'aurais reçu.
Tu aurais reçu.
Il aurait reçu.
P. Nous aurions reçu.
Vous auriez reçu.
Ils auraient reçu.

Passé défini.

S. Je reçus.
Tu reçus.
Il reçut.
P. Nous reçûmes.
Vous reçûtes.
Ils reçurent.

Passé indéfini.

S. J'ai reçu.
Tu as reçu.
Il a reçu.
P. Nous avons reçu.
Vous avez reçu.
Ils ont reçu.

Futur simple.

S. Je recevrai.
Tu recevras.
Il recevra.
P. Nous recevrons.
Vous recevrez.
Ils recevront.

Futur antérieur.

S. J'aurai reçu.
Tu auras reçu.
Il aura reçu.
P. Nous aurons reçu.
Vous aurez reçu.
Ils auront reçu..

Impératif *ou* **Optatif.**

Futur simple.		*Futur antérieur.*	
	Point de 1re ni de 3e personne.		
S.	Reçois.	S.	Aie reçu.
P.	Recevons.	P.	Ayons reçu.
	Recevez.		Ayez reçu.

Subjonctif.

Présent ou *futur.*		*Passé simultané.*	
S.	Que je reçoive.	S.	Que je reçusse.
	Que tu reçoives.		Que tu reçusses.
	Qu'il reçoive.		Qu'il reçût.
P.	Que nous recevions.	P.	Que nous reçussions.
	Que vous receviez.		Que vous reçussiez.
	Qu'ils reçoivent.		Qu'ils reçussent.

Passé défini.		*Passé antérieur* ou *conditionnel*	
S.	Que j'aie reçu.	S.	Que j'eusse reçu.
	Que tu aies reçu.		Que tu eusses reçu.
P.	Qu'il ait reçu.	P.	Qu'il eût reçu.
	Que nous ayons reçu.		Que nous eussions reçu.
	Que vous ayez reçu.		Que vous eussiez reçu.
	Qu'ils aient reçu.		Qu'ils eussent reçu.

Infinitif présent.

Recevoir.

Passé.	*Futur.*
Avoir reçu.	Devant recevoir.
Participe présent.	*Participe passé.*
Recevant.	Ayant reçu.

Ainsi se conjuguent les verbes *apercevoir, concevoir, savoir*, etc.

156. — QUATRIÈME CONJUGAISON EN *RE.*

Indicatif *ou* **Affirmatif.**

Présent simple.		*Présent conditionnel.*	
S.	Je rends.	S.	Je rendrais.
	Tu rends.		Tu rendrais.
	Il rend.		Il rendrait.
P.	Nous rendons.	P.	Nous rendrions.
	Vous rendez.		Vous rendriez.
	Ils rendent.		Ils rendraient.

Passé simultané.

S. Je rendais.
Tu rendais.
Il rendait.
P. Nous rendions.
Vous rendiez.
Ils rendaient.

Passé antérieur.

S. J'eus rendu.
Tu eus rendu.
Il eût rendu.
P. Nous eûmes rendu.
Vous eûtes rendu.
Ils eurent rendu.

Passé cordilionnel.

S. J'aurais rendu.
Tu aurais rendu.
Il aurait rendu.
P. Nous aurions rendu.
Vous auriez rendu.
Ils auraient rendu.

Passé antérieur médiat.

S. J'avais rendu.
Tu avais rendu.
Il avait rendu.
P. Nous avions rendu.
Vous aviez rendu.
Ils avaient rendu.

Passé défini.

S. Je rendis.
Tu rendis.
Il rendit.
P. Nous rendîmes.
Vous rendîtes.
Ils rendirent.

Futur simple.

S. Je rendrai.
Tu rendras.
Il rendra.
P. Nous rendrons.
Vous rendrez.
Ils rendront.

Passé indéfini.

S. J'ai rendu.
Tu as rendu.
Il a rendu.
P. Nous avons rendu.
Vous avez rendu.
Ils ont rendu.

Futur antérieur.

S. J'aurai rendu.
Tu auras rendu.
Il aura rendu.
P. Nous aurons rendu.
Vous aurez rendu.
Ils auront rendu.

IMPÉRATIF *ou* OPTATIF.

Point de 1re ni de 3e personne.

Futur simple.

S. Rend.
P. Rendons.
Rendez.

Futur antérieur.

S. Aie rendu.
P. Ayons rendu.
Ayez rendu.

SUBJONCTIF.

Présent ou *futur.*

S. Que je rende.
Que tu rendes.
P. Qu'il rende.
Que nous rendions.
Que vous rendiez.
Qu'ils rendent.

Passé simultané.

S. Que je rendisse.
Que tu rendisses.
Qu'il rendît.
P. Que nous rendissions
Que vous rendissiez.
Qu'ils rendissent.

Passé défini.	*Passé antérieur* ou *conditionnel*
Que j'aie rendu.	Que j'eusse rendu.
Que tu aies rendu.	Que tu eusses rendu.
Qu'il ait rendu.	Qu'il eût rendu.
Que nous ayons rendu.	Que nous eussions rendu.
Que vous ayez rendu.	Que vous eussiez rendu.
Qu'ils aient rendu.	Qu'ils eussent rendu.

INFINITIF PRÉSENT.

Rendre.

Passé.	*Futur.*
Avoir rendu.	Devant rendre.
Participe présent.	*Participe passé.*
Rendant.	Ayant rendu.

Ainsi se conjuguent les verbes *prétendre*, *rompre*, *interrompre*, *croire*, *confondre*, etc.

Des temps composés et des temps primitifs.

157. — Les temps des verbes sont *simples* ou *composés*, selon qu'ils se conjuguent avec ou sans les auxiliaires *avoir* ou *être*.

158. — Un *temps composé* est formé d'un des temps du verbe *être* ou *avoir* et du participe passé du verbe que l'on conjugue, *j'ai aimé, j'avais fini*, etc.

159. — Il y a des *temps primitifs* et des *temps dérivés*.

Les temps primitifs sont ceux qui forment les temps dérivés.

Il y a cinq temps primitifs qui sont :

1. L'INFINITIF forme deux temps . .	Le Futur simple, *rai*, aimerai, *par le changement* de *r*, *re* ou *air* en le Présent conditionnel *rais*, finirais
2. Le *Participe présent* forme deux temps.	Le Passé simultané de l'affirmatif AIS en changeant *ant* en le présent du subjonctif E, ES, IONS.
3. Le Présent de l'affirmatif forme	l'Impératif par la supression des sujets
4. Le Passé défini forme le Passé simultané du subjonctif. . .	En changeant *ai* en *asse* pour la 1re conjugaison et par l'addition de *se* pour les autres.

5. Le Participe passé forme ses temps composés avec l'un des verbes auxiliaires.

161. — *TABLEAU* des verbes irréguliers et de leurs temps primitifs.

Présent de L'INFINITIF.	Participe PRÉSENT	Participe PASSÉ.	Présent de L'INDICATIF	Passé défini de l'INDICATIF
		PREMIÈRE CONJUGAISON.		
Aller	allant	allé	je vais	j'allai
Envoyer	envoyant	envoyé	j'envoie	j'envoyai
		DEUXIÈME CONJUGAISON.		
Courir	courant	couru	je cours	je courus
Cueillir	cueillant	cueilli	je cueille	je cueillis
Mourir	mourant	mort	je meurs	je mourus
Fuir	fuyant	fui	je fuis	je fuis
Faillir	faillant	failli	je faux	je faillis
Acquérir	acquérant	acquis	j'acquiers	j'acquis
Saillir	saillant	sailli	il saille	il saillit
Vêtir	vêtant	vêtu	je vêts	je vêtis
		TROISIÈME CONJUGAISON.		
Déchoir		déchu	je déchois	je déchus
Echoir	échéant	échu	il échet	j'échus
Falloir		fallu	il faut	il fallut
Pleuvoir	pleuvant	plu	il pleut	il plut
Pouvoir	pouvant	pu	il peut	je pus
Savoir	sachant	su	il sait	je sus
S'asseoir	s'asseyant	assis	je m'assieds	je m'assis
Valoir	valant	valu	je vaux	je valus
Vouloir	voulant	voulu	je veux	je voulus
Voir	voyant	vu	je vois	je vis
		QUATRIÈME CONJUGAISON.		
Battre	battant	battu	Je bats	Je plais
Boire	buvant	bu	Je bois	Je battis
Clore		clos	Je clos	Je bus
Conclure	concluant	conclu	Je conclus	
Coudre	cousant	cousu	Je couds	Je conclus
Croire	croyant	cru	Je crois	Je cousis
Dire	disant	dit	Je dis	Je crus
Maudire	maudissant	maudit	Je maudis	Je dis
Ecrire	écrivant	écrit	J'écris	Je maudis
Exclure	excluant	exclus	J'exclus	J'écrivis
Faire	faisant	fait	Je fais	J'exclus
Prendre	prenant	pris	Je prends	Je fis
Lire	lisant	lu	Je lis	Je pris
Mettre	mettant	mis	Je mets	Je lus
Moudre	moulant	moulu	Je mouds	Je mis
Naitre	naissant	né	Je nais	Je moulus
Nuire	nuisant	nui	Je nuis	Je naquis
Rire	riant	ri	Je ris	Je nuisis
Rompre	rompant	rompu	Je romps	Je ris
Absoudre	absolvant	absous	J'absous	Je rompis
Résoudre	résolvant	résolu, résous	Je résous	Je résolus
Suffire	suffisant	suffi	Je suffis	Je suffis
Suivre	suivant	suivi	Je suis	Je suivis
Vaincre	vainquant	vaincu	Je vaincs	Je vainquis
Vivre	vivant	vécu	Je vis	Je vécus
Plaire	plaisant	plu	Je plais	Je plus

Finales des personnes dans les conjugaisons.

167. — Les verbes à la première personne du singulier du présent de l'indicatif se terminent par *e*, *s* ou *x* :

1° par *e* dans les verbes de la première conjugaison et quelques-uns de la seconde.

2. Par *s* dans les verbes des trois autres conjugaisons.

3. Par *x* dans je *peux*, je *veux*, je *vaux* et je *prévaux*.

168. — Les verbes se terminent par *ai* à la première personne du futur simple dans toutes les conjugaisons; dans la 1re conjugaison le passé défini a aussi cette finale *ai* à la 1re personne : *Je mange*... AI.

169. — Tous les verbes de la 2e, 3e et 4e conjugaison se terminent par *s* à la 1re personne singulière du passé défini de l'indicatif.

170. — Les verbes de toutes les conjugaisons se terminent par *e* à la 1re personne singulière, dans le mode subjonctif.

171. — La 2me personne du singulier se termine par *e* à l'impératif des verbes de la 1re conjugaison et à l'impératif des autres conjugaisons où l'on ne peut employer l'*s* à la place de l'*e*. L'*s* s'emploie donc dans tous les autres cas exceptés dans tu *veux*, tu *peux*, tu *vaux*, tu *prévaux*, etc., qui prennent *x*.

172. — Les verbes de la première conjugaison se terminent par *e* à la troisième personne du présent de l'indicatif. Par *t* dans ceux des autres conjugaisons qui n'ont pas la première personne en *ds* ; et par *a* dans ceux dont la première personne est en *ai* je *chantai*, il *chant*A , je *chanter*AI, il *chanter*A.

173. — Les verbes à la première personne du pluriel se terminent par *ons* ou *mes aim*-ONS nous *l'û*-MES.

174. — Les verbes à la deuxième personne du pluriel se terminent par *ez* ou *tes*, vous av*ez*, vous aimâ-*tes*.

174. — Les verbes se terminent toujours par NT à la troisième personne du pluriel.

Observations sur quelques verbes.

175. — Les verbes à l'infinitif terminés en *ger* prennent un *e* muet avant *a*, *o*, afin d'empêcher la prononciation dûre du *g*. Nous *mang*EONS, il *forg*EA.

176. — Les verbes terminés par *cer* prennent une cédille sous le *c* avant *a, o, u,* il *força* nous *menaçons,* il *aperçut,* etc.

177. — Les verbes terminés à l'infinitif par *eler* , *eter* , doublent la consonne devant un *e* muet, excepté quand l'é qui précède cette consonne est aigu, alors il se change en grave sans doubler la consonne. Céler, je cèle, etc.

CHAPITRE CINQUIÈME.

DE L'ADVERBE.

178. L'adverbe est un mot ajouté au verbe, à l'adjectif et même à un autre adverbe pour le modifier complètement Julie parle *modestement,* elle est *très*-sage, elle travaille *fort bien.*

179. — Les adverbes en *ment* se forment des ajectifs auxquels on ajoute ment, modeste, modeste*ment*; et quand cet adjectif est terminé par une consonne l'adverbe se forme sur le féminin : heureux, heureuse*ment;* bel, belle*ment*, etc.

180. — On distingue 1° des adverbes, de temps comme *hier, toujours*; 2° des adverbes de lieu comme *où, ici;* 3° de quantité, *beaucoup trop*; 4° de comparaison *aussi, plus*; 5° des adverbes d'ordre, *premièrement, secondement.*

181. — Il y a des adjectifs qui sont quelquefois employés comme adverbes, ce sont des adverbes *accidentels,* comme chanter *juste,* parler *bas*, etc.

182. — Quelque est adverbe quand *l* précède un adjectif auquel il se rapporte. *Les choses qui font plaisir à croire seront toujours crues,* QUELQUE *vaines et* QUELQUE *déraisonnables qu'elles puissent être.* (Buffon).

183. — Où est adverbe quand il est mis pour dans quel lieu, où *allez-vous,* il prend un accent grave.

184. — *Y* est adverbe quand il est mis pour là : *Il y passa toute sa vie.*

Là, dès, lors, sont des adverbes et sont distingués des adjectifs déterminatifs par un accent grave.

185. — TABLEAU DES ADVERBES.

Alentour.	Ainsi.	Ailleurs.

Alors.
A la fois.
Après demain.
A présent.
Assez.
Aujourd'hui.
Auparavant.
Auprès.
Aussi.
Autant.
Autrefois.
Autrement.
Beaucoup.
Bientôt.
Certes.
Céans.
Cependant.
Ci inclus.
Combien.
Comment.
D'abord.
D'accord.
D'ailleurs.
Davantage.
Dedans.
Déjà.
De là.
Demain.
Désormais.
Dessous.
Dorénavant.
D'où.
Encore.
Enfin.
Ensemble.
Ensuite.
Environ.
Exprès.
Gratis.
Guère.
Hier.
Ici.
Incognito.
Incessamment.
Jadis.
Jamais.
Jusque.
Là.
Loin.
Longtemps.
Maintenant.
Mieux.
Moins.
Ne.
Naguère.
Ne pas.
Néanmoins.
Notamment.
Nuitamment.
Nulle part.
Où.
Parfois.
Partout.
Peu.
Peut-être.
Pis.
Plus.
Plus tôt.
Plutôt.
Pourtant.
Presque.
Quand.
Quelquefois.
Que, pour combien.
Sciemment.
Si *Bon*.
Soudain.
Souvent.
Surtout.
Tant.
Tantôt.
Tard.
Tôt.
Toujours.
Tour-à-tour.
Toutefois.
Très.
Trop.
Volontiers.
Vraiment.
Véritablement.
Courageusement.

Bien pour beaucoup.

Quand, adv., prend toujours un D.

CHAPITRE SIXIÈME.

DE LA PRÉPOSITION.

186. — La *préposition* est un mot qui exprime le rapport d'un mot à celui qui précède. On l'appelle préposition parce qu'elle se met immédiatement avant le mot qui est son complément. *Il parle* AVEC *grace*; *il est* SOUS *la table*, etc.

187. — *à* préposition se distingue de *a* verbe par un accent grave.

188. — *à* précédé de quand forme une expression prépositive et alors on écrit quand par un *t* : QUANT *à* vous, QUANT *à ceux que j'ai vu*, etc.

189. — TABLEAU DES PRÉPOSITIONS.

A.	Devant.	Proche de.
Avant.	Devers.	Quant à.
Après.	En.	Sans.
Avec.	En deçà de.	Selon.
A même.	Entré.	Sous.
A travers.	Envers.	Sur.
A côté de.	Hormis.	Vers.
A cause de.	Hors.	Vis-à-vis.
Auprès de.	Jusqu'à.	Pendant *la vie*.
Autour de.	Loin de.	Excepté *nous*.
Chez.	Malgré.	Durant *le jour*.
Contre.	Nonobstant.	Attendu *sa mort*.
Dans.	Outre.	Suivant *la loi*.
De.	Par.	Y compris *la ferme*.
Depuis.	Par delà.	Non compris *la ferme*.
Derriere.	Par-dessus.	Vu *la loi*. etc.
Dès.	Parmi.	
Dessus.	Pour.	
Dessous.	Prés de.	

CHAPITRE SEPTIÈME.

DE LA CONJONCTION.

190. — La *conjonction* est un mot qui sert à lier les phrases et les parties de phrases entre-elles et même les mots entre eux: NI *l'or* NI *la grandeur ne nous rendent heureux* (Lafontaine).

Les *anglais ont l'esprit public*, ET *nous, l'honneur national.* (Châteaubriand).

191. — *Ou* conjonction ne prend jamais d'accent grave, et il peut se tourner par *ou bien.*

192. — *Quand* conjonction s'écrit toujours par un *d* et il est mis pour *lorsque.*

193. — On écrit en deux mots la conjonction PARCE QUE ; elle signifie *attendu que.*

194. — *Quoique,* conjonction, s'écrit en un seul mot : quoique vous disiez la vérité on ne vous croit pas.

195. — *Si* perd l'*i* devant les pronoms *il*, *ils* ; il est remplacé par un apostrophe.

196. — TABLEAU DES CONJONCTION.

Car.	Ni.	Que. (non pronom).
Comme.	Or.	Quand.
Donc.	Ou.	Quoique.
Et.	Pourquoi.	Si.
Lorsque.	Puis.	
Mais.	Puisque.	

CHAPITRE HUITIÈME.

DE L'EXCLAMATION.

197. — L'*exclamation*, aussi appelée *interjection*, est un mot qui exprime un mouvement subit de l'âme, comme la peur, la colère, etc.

198. — Il y a des mots qui sont pris quelquefois comme exclamations, ainsi, *courage! allons! diable!* etc. Ce sont des exclamations accidentelles.

199. — On met toujours un point exclamatif après chaque exclamation ou chaque phrase exclamative, ex : *Mon Dieu ayez pitié de moi! Hélas! que je souffre!* etc.

200. — TABLEAU DES EXCLAMATIONS.

Ah !	Hen !	O !
Bah !	Holà !	Oh !
Chut !	Ho !	Ouais !
Crac !	Ho çà !	Ouf !
Dà !	Hem !	Parbleu !
Dia !	Hein !	Morbleu !
Diantre !	Hi hi !	Pouah !
Eh !	Ha !	Pouf !
Fi !	Hum !	St !
Fi donc !	Hé !	Zest !
Ha !	Hé bien !	Pst !
Hélas !	Hé quoi !	

CHAPITRE NEUVIÈME.

RÈGLES GÉNÉRALES SUR LA PONCTUATION.

§ I. *Du point.*

201. — Le point se met à la fin de toutes les phrases dont le sens est terminé :

Les ruines, considérées sous les rapports pittoresques, sont d'une ordonnance plus magique dans un tableau que le monument frais. Le costume oriental allie bien sa noblesse à la noblesse de ces ruines. (Châteaubriand).

202. — Le *point interrogatif* (?) se met après chaque phrase interrogative. *Quelle réponse tiens-tu prête au jugement suprême qui demandera compte de ton temps ?* (J.-J. Rousseau).

203. — Le *point exclamatif* (!) se met après une exclamation ou une phrase exclamative : *Hélas! vous détournez vos yeux! et vous ne daignez pas l'entendre!*

205. — Les *points suspensifs* (...) indiquent une interruption dans le sens.

La vertu, le devoir, ont marqué tous mes pas...
Vous pouvez maintenant prononcer mon trépas.
(Chenier).

§ II. *De la virgule.*

206. — La *virgule* sert à distinguer différentes parties d'une phrase : *Le monde se vante qu'au milieu de la dépravation et de la décadence des mœurs publiques, il a encore sauvé des débris, des restes d'honneur et de droiture.* (Massillon).

207. — La *virgule* se met encore entre tous les mots représentant énumération : *Il ne reste que des masses isolées, entre lesquelles l'œil découvre au haut et au loin les astres, les nues, les forêts, les fleuves, les montagnes.* (Châteaubriand).

§ III. *Du point-virgule.*

208. — On met le *point-virgule* (;) entre deux phrases ou deux propositions, dont l'une est la conséquence ou le développement de l'autre. *Les ruines changent de caractère en Égypte ; souvent elles étalent, dans un petit espace, toutes les sortes d'architecture.* (Châteaubriand).

L'avare n'amasse que pour amasser ; ce n'est pas pour fournir à ses besoins, il se les refuse ; son argent lui est plus précieux que sa santé, que sa vie, que lui-même. (Massillon).

§ IV. *Des deux points.*

209. — Les *deux points* (:) se mettent avant une énu-

mération, une citation, ou après une phrase finie, mais suivie d'une autre qui en est le développement, ou avant une citation.

Je m'écrie : « Arrêtez, sauvez, sauvez la reine ;
Grace, pardon : je viens, je parle au nom du roi. »
(Chenier).

Dans l'heureux climat que j'habite le printemps est comme l'aurore d'un beau soir : on y joint des biens qu'il amène. (Barthélemy).

§ V. *Des signes orthographiques.*

210. — On appelle *parenthèse* deux crochets entre lesquels on met une phrase qui sert d'explication à une autre et que l'on peut retrancher sans nuire au sens du discours. Cette phrase elle-même est aussi appelée *parenthèse.*

Le peuple indien, répandu dans les campagnes, labourait, semait, moissonnait (car ce riche vallon présente tous ces travaux à la fois). (Marmontel).

211. — Le *tiret* indique un changement d'interlocuteur.

Jouis. — Je le ferai. — Mais quand donc ? — Dès demain.
— Eh mon ami la mort peut te prendre en chemin.
(Lafontaine).

212. — Les *guillemets* sont deux petites virgules accolées l'une à l'autre pour désigner une citation.

« O Pallès ! disait-il, reçois mes sacrifices,
« Protège mes brebis, protège mes génisses
« Contre la faim cruelle et le loup inhumain. » (Delille).

CHAPITRE DIXIÈME.

DE L'ANALYSE.

213. — L'*analyse* est l'art de décomposer ; c'est connaître les différentes parties qui composent un discours, une phrase ou une *proposition.*

214. — Il y a deux sortes d'analyses, *l'analyse logique* et *l'analyse grammaticale.*

215. — *L'analyse logique* s'occupe de décomposer un discours, une phrase en *propositions*.

215. — L'analyse grammaticale fait connaître la nature des mots en décomposant la phrase.

§ I. *Analyse logique.*

216. — La *proposition* est l'expression de la *pensée* et la *pensée* est la comparaison entre deux *idées*. Cette expression de la pensée est aussi appelée *jugement*, lequel n'est que la détermination d'un rapport entre deux idées, *Dieu est juste, Dieu m'est-il favorable?* sont des propositions.

217. — Une proposition se compose de trois parties essentielles, qui sont 1° le sujet, il exprime l'être qui fait l'action ou qui reçoit la qualité ; 2° le verbe qui exprime l'état ou l'action du sujet ; 3° l'attribut qui est la qualité ou l'action donnée, attribuée au sujet.

218. — Le sujet d'une proposition peut être un substantif, un pronom, un verbe à l'infinitif ou tout autre mot pris comme substantif : DIEU *est juste*, IL *est bon*, *l'*AIMER *est un devoir*.

219. — Le sujet est *composé* quand il exprime des êtres distincts, par leur nom ou par leur nature ; il est simple dans le cas contraire : DIEU *est juste*.

LES HOMMES *et* LES ANIMAUX *sont des créatures*.

220. — L'attribut est *composé* quand il exprime des qualités différentes du sujet, il est simple dans le cas contraire, *Dieu est* JUSTE, *il est* JUSTE *et* BON.

221. — Le sujet et l'attribut sont dits *complexes* quand ils ont des compléments et *incomplexes*, quand ils n'en ont pas. L'ÉTUDE *de la grammaire est* UTILE *aux enfants*.

222. — Le verbe est *simple* ou *composé*, selon qu'il est, à un temps simple ou à un temps composé. Il est *complexe* ou *incomplexe*, selon qu'il a un complément ou qu'il n'en a pas. — Un verbe a pour complément l'adverbe qui le suit ou celui qui le précède.

L'écolier N'EST PAS sage.

223. — La *proposition* est *simple*, *composée*, *complexe* ou *incomplexe*, selon que ses parties ou quelques-unes de ses parties sont *simples* ou *composées*, *complexes* ou *incom-*

plexes; elle est elliptique quand il lui manque quelques-unes de ses parties, elle est pleine quand elle les a toutes, elle est implicite ou explicite, selon que toutes ses parties sont ou non distinctes. Dans *je mange* le verbe et l'attribut sont renfermés dans le même mot, on décompose alors ainsi : *Je suis mangeant.*

La proposition est directe ou inverse, selon que ses parties principales sont rangées ou non dans l'ordre grammatical, c'est-à-dire 1° le sujet ; 2° le verbe ; 3° l'attribut, directe ; *Dieu est juste ;* inverse : *Juste est Dieu.*

Diverses sortes de propositions.

224. — Il y a quatre espèces de propositions.

1° La *principale absolue ;* elle exprime l'objet principal de la pensée *Dieu est juste.*

2° La *principale relative* elle est en relation avec la principale absolue : *Dieu est juste, il est bon.*

3° L'*incidente déterminative* elle sert au développement des deux premières et ne peut être retranchée sans nuire au sens de la phrase.

L'enfant seul (QUI APPREND) *sera récompensé : qui apprend est l'incidente.*

4° L'*incidente explicative* sert aussi au développement des deux premières et même d'une autre incidente ; mais elle peut en être retranchée sans nuire au sens de la phrase. *Dieu* (QUI EST JUSTE) *punira les coupables.* On peut retrancher qui est juste sans nuire au sens de cette phrase *Dieu punira les coupables.*

225. — Toute proposition qui commence par un pronom conjonctif ou une conjonction est une proposition incidente, excepté quand elle commence par les conjonctions : *et, ou, ni, mais.*

226. — Les *éléments logiques* d'une proposition sont le *sujet*, le *verbe* et l'attribut accompagnés de leurs compléments.

227. — On appelle *éléments grammaticaux* les mots pris isolément.

228. — Exemple :

Les peuples qui aiment la justice sont heureux et le bon-

heur qu'ils ressentent se répand sur les riches et sur les pauvres. Il y a quatre propositions dans cette phrase.

1° *Les peuples sont heureux.* Proposition principale absolue, pleine, directe, simple, complexe, explicite. Le sujet est *les peuples* simple, complexe pour complément l'incidente ; *sont* verbe simple, incomplexe ; *heureux* attribut, simple incomplexe.

2° *Qui aiment la justice* incidente, déterminative, pleine directe simple, complexe implicite ; sujet, *qui*, simple incomplexe ; *sont*, verbe, simple, incomplexe ; *aimant*, attribut simple, incomplexe, ayant pour complément *la justice.*

3° *Et le bonheur se répand sur les riches et sur les pauvres.* Proposition principale, relative, pleine, directe, simple, complexe, implicite ; sujet, *le bonheur*, simple et complexe pour complément l'incidente ; *est*, verbe simple et incomplexe ; *répandant*, attribut, simple complexe, pour complément *se, sur les riches et sur les pauvres.*

4° *Qu'ils ressentent*, proposition incidente, explicative, pleine, directe, simple, complexe et implicite ; sujet, *ils*, simple et incomplexe ; verbe, *sont*, simple et incomplexe, *ressentant*, attribut simple et complexe pour complément *que* mis pour le bonheur.

§ II. *Analyse grammaticale.*

229. — L'*analyse grammaticale* s'occupe des *éléments grammaticaux*, c'est-à-dire, de la nature des mots.

230. — Exemple :

— *Hélas! mes amis, j'avais autrefois l'espérance trompeuse d'habiter cette terre! Mais Dieu ne l'a pas permis.*

Hélas!	Exclamation !
Mes.	Adjectif, déterminatif possessif, masculin pluriel, détermine amis.
Amis.	Substantif commun, masculin pluriel.
J' pour *je.*	Pronom subjectif première personne sing. sujet de *avais.*
Avais.	Verbe attributif, transitif au mode indicatif, temps passé antérieur, médiat troisième conjugaison.
Autrefois.	Adverbe modifiant le verbe avais.

L' pour *la.*	Adj. déter. fém. sing. détermine espérance.
Espérance.	Subs. complétif, com. fém. sing. complément de *avais.*
Trompeuse.	Adj. qualificatif fém. sing. qualifie *espérance.*
D' pour *de.*	Préposition.
Habiter.	Verbe, attrib. transit. complét. mode infinitif première conjugaison, complément de la préposition *de.*
Cette.	Adj. déter. démonstratif, fém. sing. déterm. *terre.*
Terre !	Subs. compl. fém. sing. complément du verbe *habiter.*
Mais.	Conjonction.
Dieu.	Subs. subjectif, propre, masculin, sing. sujet de *a permis.*
Ne... pas.	Adverbe modifiant le verbe *a permis.*
A permis.	Verbe attributif, transitif au mode indicatif, temps passé indéfini troisième personne du singulier quatrième conjugaison.
L' pour *le.*	Pronom complétif, mas. sing. complément de *a permis.*

CHAPITRE ONZIÈME.

SYSTÈME LOGIQUE.

231. — Synthétiser c'est composer, c'est faire une proposition, une phrase, un discours.

232. — La synthèse doit donc être enseignée simultanément avec l'analyse, l'une et l'autre sont indispensables; et Condillac dit : « Qu'on ne fait de progrès qu'autant que *l'art de composer et celui de décomposer* se réunissent dans une même méthode. Il faut les connaître toutes deux *également*, et faire continuellement usage de l'une et de l'autre. »

233. — Il est nécessaire de former des propositions simples, puis composées, complexes, incomplexes, etc.

234. — Étant donné un sujet, lui donner un attribut lié par un verbe comme Dieu est juste. On fera donner aux mots, ou mieux aux sujets toutes les qualités dont ils sont susceptibles.

235. — Le sujet étant table, cherchez un attribut qui lui convienne :

1° La table est ronde ;
2° La table est solide ;
3° La table est utile ;
4° La table sera achetée.

236. — Après cet exercice il faudra faire *motiver*, c'est-à-dire donner la raison de telle ou telle qualité que vous avez attribuée au sujet.

Ainsi : La table est ronde parce qu'elle est semblable à un cercle ; la table est vieille parcequ'elle sert depuis longtemps, et ainsi de suite. On fera synthétiser de même, livre, plume, cahier, crayon, bruit, musique, dessin, application, etc.

237. — On peut aussi prendre pour sujet un verbe à l'infinitif, comme travailler est utile.

Travailler, fortifié.

Travailler, instruit, etc. et motiver à chaque fois. Et ainsi : menacer, jouer, réciter, vendanger, moissonner, compter, pêcher, souffrir, etc.

238. — Proposition négative, l'élève n'est pas sage ;
L'élève n'est pas instruit.

De même : fer, assiette, abricot, montagne, etc.

239. — Propositions composées, l'élève est sage et studieux ; il sera récompensé et heureux.

De même : le chien, le chat, l'argent, le chêne, la forêt, etc.
Le chat et le chien sont ennemis,
Le cheval et le bœuf ne sont pas méchants.
L'homme et l'enfant, le corbeau et le singe, etc.

240. — Propositions complexes.
L'élève laborieux fait ses devoirs ;
Et il travaille avec ardeur.
Le cheval du fermier est dangereusement malade.
De même : table, chaise, café, voiture, chapeau, le bœuf.

241. — Synthétiser des propositions comme :
1° Les serpents paraissent privés de tout moyen de se mouvoir ;
2° Les hommes sans éducation paraissent privés de tout moyen de communiquer avec les autres, etc.

FIN.

www.ingramcontent.com/pod-product-compliance
Lightning Source LLC
LaVergne TN
LVHW020247230826
846091LV00006B/2289
9782019232641